1927·广州起义英雄人物之 高恬波

广东革命历史博物馆 著
漫友文化 编绘

南方传媒
广东人民出版社
·广州·

图书在版编目（CIP）数据

1927·广州起义英雄人物之高恬波 / 广东革命历史博物馆著；漫友文化编绘. —广州：广东人民出版社，2021.11（2023.2重印）

ISBN 978-7-218-15137-3

Ⅰ.①1… Ⅱ.①广… ②漫… Ⅲ.①高恬波—生平事迹 Ⅳ.① D263

中国版本图书馆 CIP 数据核字（2021）第 131034 号

1927·GUANGZHOU QIYI YINGXIONG RENWU ZHI GAO TIANBO
1927·广州起义英雄人物之高恬波
广东革命历史博物馆　著
漫友文化　编绘

版权所有 翻印必究

出 版 人：肖风华
责任编辑：陈泽航　廖志芬
装帧设计：广州六宇文化传播有限公司 Guangzhou Liuyu Culture Communication Co., Ltd.
责任技编：吴彦斌　周星奎
出版发行：广东人民出版社
地　　址：广州市越秀区大沙头四马路 10 号（邮政编码：510199）
电　　话：（020）85716809（总编室）
传　　真：（020）83289585
网　　址：http://www.gdpph.com
印　　刷：广州市豪威彩色印务有限公司
开　　本：787mm×1092mm　1/16
印　　张：10.25　字　　数：165 千
版　　次：2021 年 11 月第 1 版
印　　次：2021 年 11 月第 1 次印刷　2023 年 2 月第 2 次印刷
定　　价：40.00 元

如发现印装质量问题，影响阅读，请与出版社（020-85716849）联系调换。
售书热线：020-85716826

序 言

  英雄是民族的信仰，英雄是民族的脊梁，在中华民族追逐伟大复兴梦想的征程中，有无数的英雄付出了鲜血与生命，高恬波就是其中的一位。

  高恬波（1898—1929），广东首位女共产党员，广东地区妇女运动的先驱，先后担任中共广东区委妇委委员、青年团广东区委妇女支部书记等多项职务，深入广东各地农村及省港罢工女工中开展妇女解放运动。1927年12月11日，广州起义爆发，高恬波组织成立救护队积极救护伤员；起义失败后，到中共江西省委负责妇女、秘密交通线、会计等工作。1929年12月因叛徒出卖被捕，英勇就义，年仅31岁。

  《1927·广州起义英雄人物之高恬波》漫画一书，以画传意，再现了高恬波不畏艰难、不怕牺牲的革命精神和坚定的共产主义信念。

  我们要向革命先烈表示崇高的敬意，永远怀念他们，牢记他们，传承他们的红色基因。

广东革命历史博物馆

2021年10月

目 录

第一章　成长故事 ……………… 1

第二章　投身妇女运动 ……………… 43

第三章　起义救护员 ……………… 81

第四章　壮烈牺牲 ……………… 118

1919年5月4日，五四运动在北京爆发。广东青年学生受到感染和鼓舞，爱国热情如火山一般迸发出来。

外争国权，内除国贼！

阮啸仙

周其鉴

刘尔崧

那天知道你就是组织学生集会的同学后,就想直接跟你说,我想跟你们一起做点有意义的事情。

没想到你一个女孩子还有这样的抱负。

"我国存亡,现正千钧一发,全恃民气挽救,如犹不自振奋,国破家亡,当即可见。"作为一个中国人,我们都应该做点什么!

1919年6月17日,"中上学联"成立,高恬波负责"中上学联"的宣传工作。

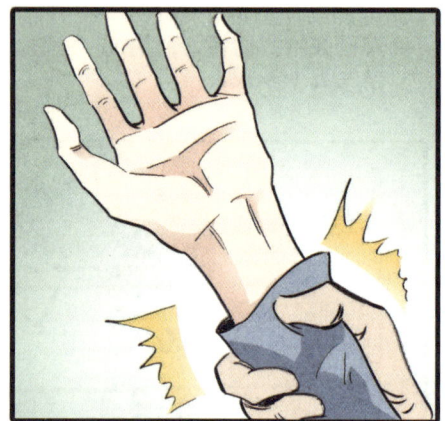

恬波!

1923年10月,军阀陈炯明的部下洪兆麟、杨坤如在英帝国主义的支持下,妄图反攻广州。

随后孙中山下令反击,并亲临东莞石龙前线指挥作战。

为鼓舞士气,广州进步学生为前线将士举行募捐,并组织青年慰劳队前往前线慰问与敌人激战的革命军。高恬波积极报名参加,她是慰劳队中唯一的女性。

现在前线士兵正与敌人浴血奋战,他们缺医少药,供给困难,需要我们去补充。让我们冲破一切艰难险阻,到革命最需要的地方去吧!

第一章 成长故事

能!

这是入党申请表。接下来还要经过层层审查,通过了,你才能成为真正的党员。

谢谢!

1924年春,高恬波光荣地加入了中国共产党,成为广东最早的女共产党员。

恬波,你如今已经是一名中共党员了,你想做什么呢?

我想帮助有需要的人,这是我小时候就有的想法……

老奶奶你怎么啦?

家里没有年轻人了,于是我只好每天都下田。今天不小心在田里摔倒了。

他们都去哪儿了?

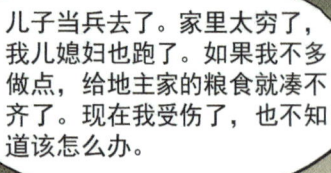

> 这一届农讲所于1924年7月3日开学，由彭湃主持。学员共38人，他们中有五四时期的活动积极分子，有从事工农运动的青年，全班只有两位女性，高恬波就是其中之一。

我一定要努力学习！

广州长洲岛

第一届农讲所学员在黄埔军校参加军事训练。

我要坚持!

第二章 投身妇女运动

第一届农讲所学员在深井、鱼珠、长洲等地进行实地走访和社会实践。

这周日去附近进行实地走访，大家准备一下。

咦?!

大娘,我帮你!

孩子,辛苦你了。
没事!大娘你就歇着,我熟悉这活儿。

后来，组织决定让她担任农民运动特派员，负责珠江三角洲和海南等地区农民运动的宣传发动工作。

第二章 投身妇女运动

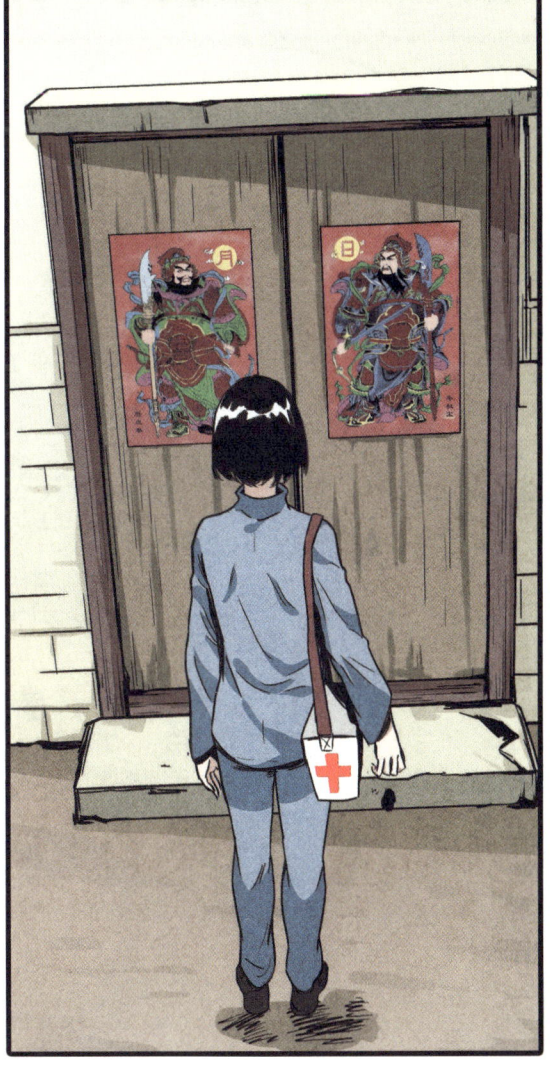

谢谢你！你真是"活观音"啊！

1924年11月，中国社会主义青年团广东区委妇女支部成立，高恬波担任第一任书记。

什么文章?

一篇关于妇女团结的文章。我们如果要组织有力的妇女运动,必须先养成强大的团结力,而团结力之养成,要使妇女运动在农工群众中普遍开展,这才是有了社会基础。

当时妇女界还有一个"女权运动大同盟"的组织,其"主帅"是沈芷芳,主张妇女运动是知识界的事情,与工农妇女无关。在一次筹备广州妇女界联合问题的集会上,高恬波和她有过一次辩论。

沈芷芳

妇女运动就是女子反对男子压迫的运动,只要女子参政,男女平等,妇女就可以享福。妇女运动是知识界的事情,工农妇女根本不懂!

第二章 投身妇女运动

中国妇女的疾苦，不能简单地说成是男子压迫女子，现在许多男子还不是同样受压迫剥削吗？受压迫的根源是帝国主义和封建势力。

我们妇女要解放，也不是靠少数妇女去"参政"、去"当官"就可以解决的，必须把广大受压迫的工农妇女发动起来，同受压迫的男子一起，才有力量推翻帝国主义和封建军阀的统治，只有这样，妇女才能得到真正的解放。

第二章 投身妇女运动

高恬波赢得了代表们的支持，但也面临更大的考验。

第二章 投身妇女运动

1927·广州起义英雄人物之高恬波

> 我接下来给大家说一下,当初我参加北伐战争时的经历吧。

> 想听!

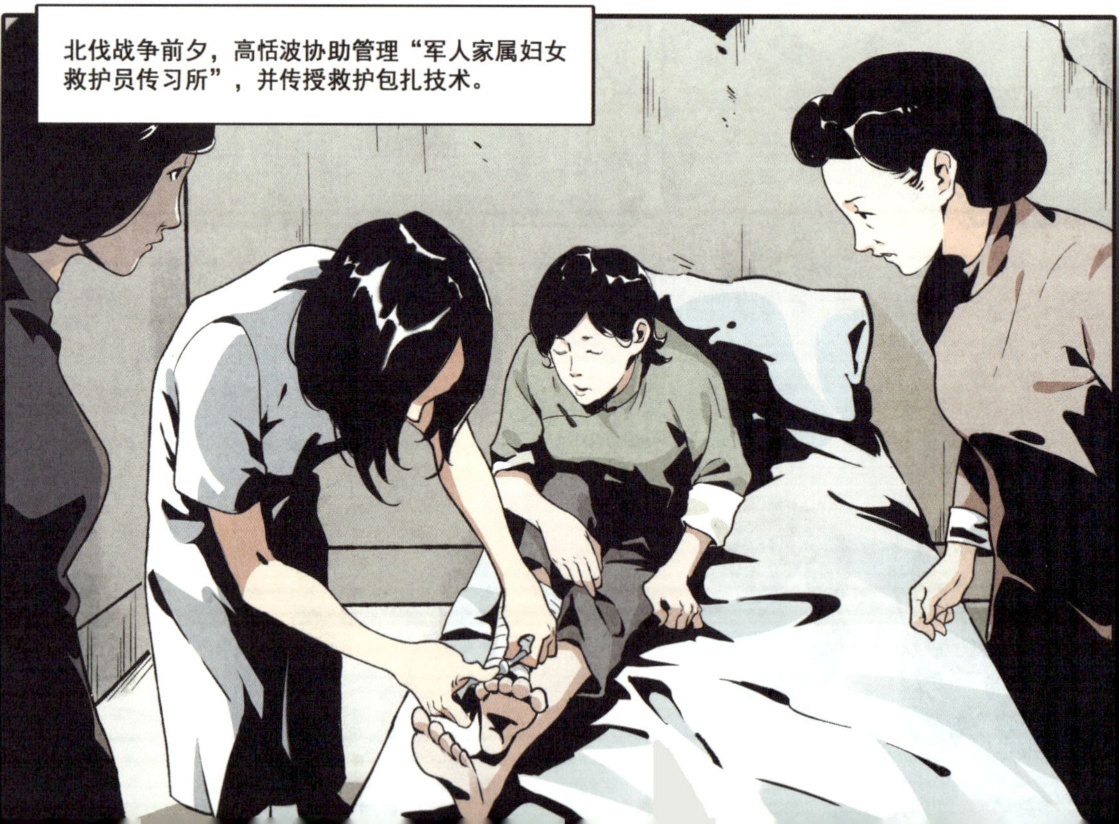

北伐战争前夕,高恬波协助管理"军人家属妇女救护员传习所",并传授救护包扎技术。

1926年7月9日
广州东较场

第三章 起义救护员

跟紧些,别掉队了。

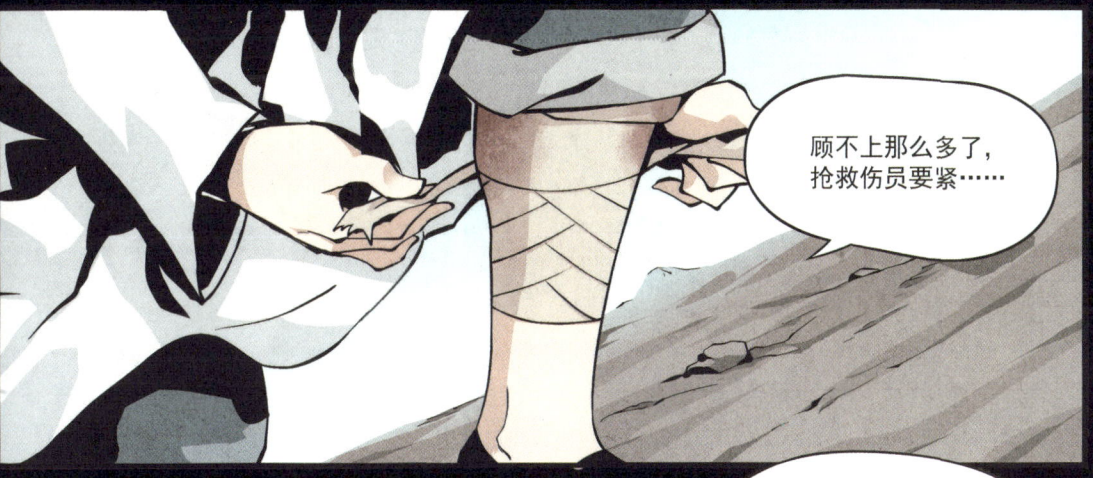

第三章 起义救护员

起义开始后，为了分辨敌我双方，教导团官兵纷纷在脖子或手臂上绑上起义的标志——红布带。

第三章 起义救护员

永汉路

1927·广州起义英雄人物之高恬波

1927·广州起义英雄人物之高恬波

"战斗还在继续,我们不能有一刻懈怠!"

第三章 起义救护员

但是没过多久,敌人开始疯狂反扑,起义部队与敌人展开激战。由于敌人援军不断,形势越来越危急。

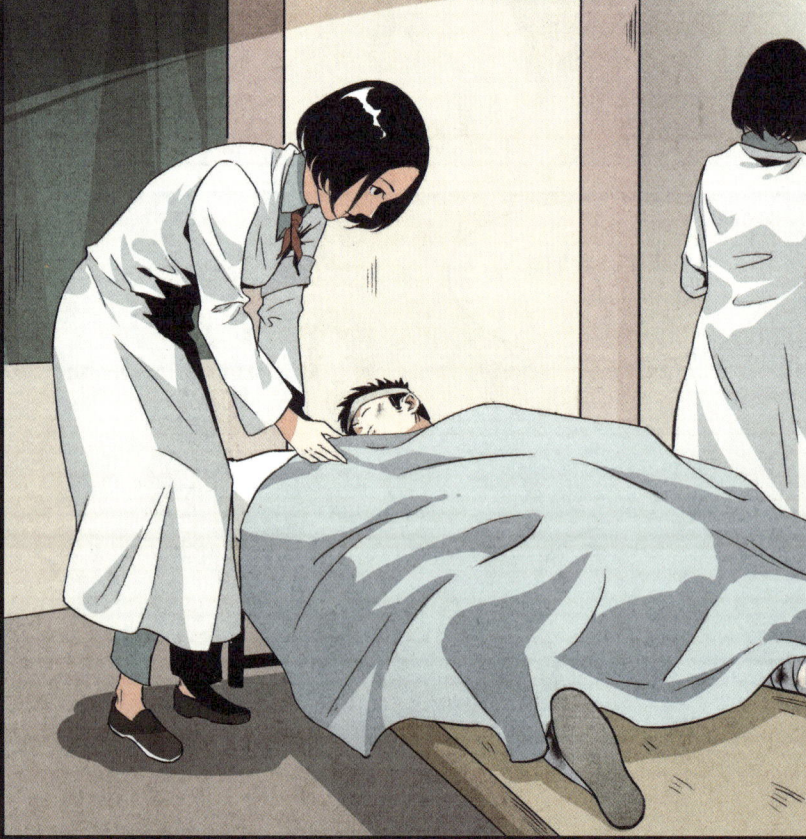

1927年12月12日黄昏，鉴于敌强我弱的形势，起义部队决定撤出广州。

第三章 起义救护员

前线到底怎么样了呢？敌人被击退了吗？

党组织鉴于中共江西省委屡遭破坏以及国内革命斗争的需要,临时决定将高恬波派往江西工作,重建中共江西省委。

恬波!

你是准备回家吗?

嗯,得准备去苏联学习的东西。

刚好要跟你说这事呢……

第四章 壮烈牺牲

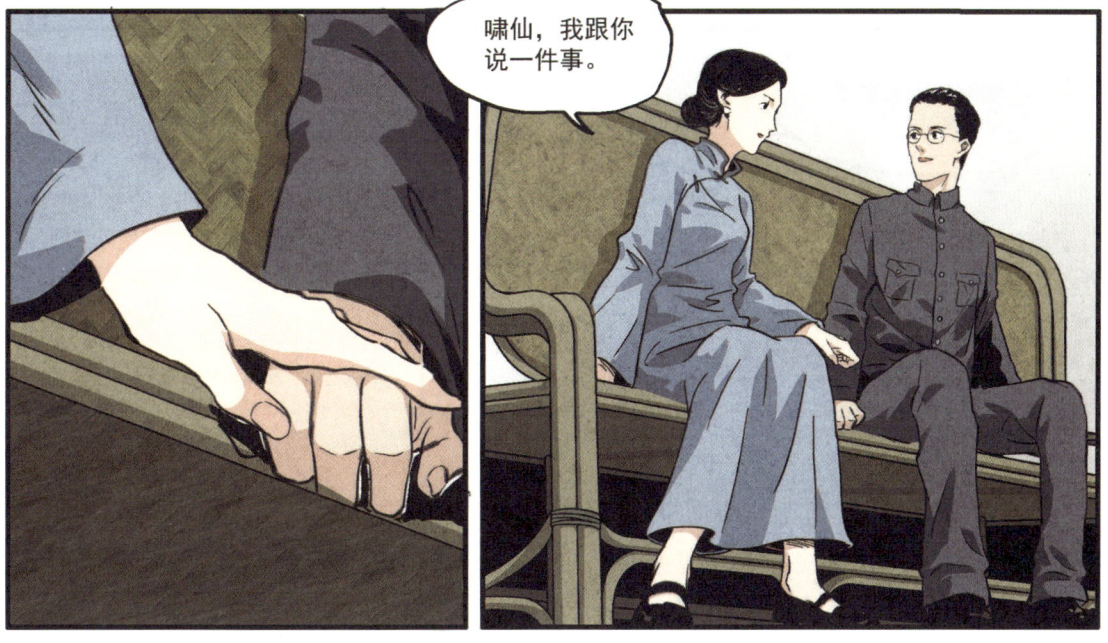

在这十分危急的时刻,高恬波将情况迅速电告中央,并细心观察敌情,随时保持与上级的联系。

第四章 壮烈牺牲

没人跟着你吧?

没有,我确认过了。

第四章 壮烈牺牲

敬酒不吃吃罚酒！来人，用刑！

即使对我用刑，我也不会吐一个字。

愣着干嘛？马上用刑！

万一她真的到死都不说呢?

本来以为这个女人会比较容易对付,谁想到是个硬骨头。

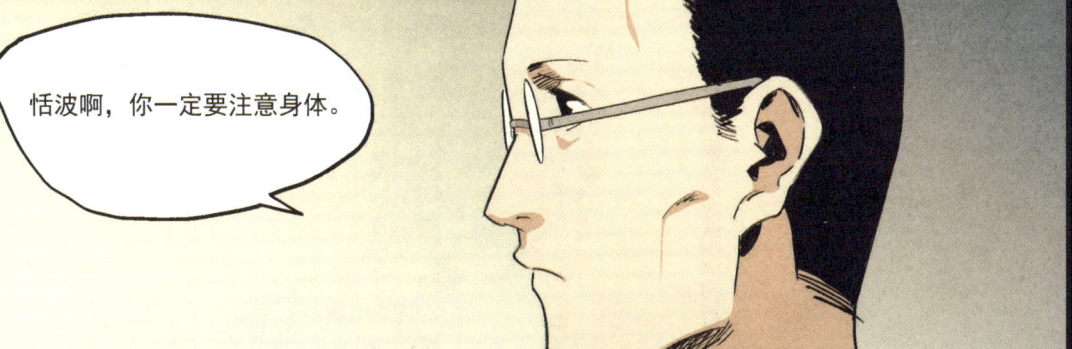

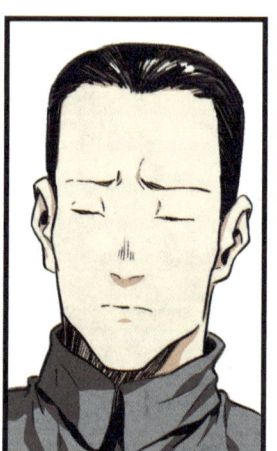

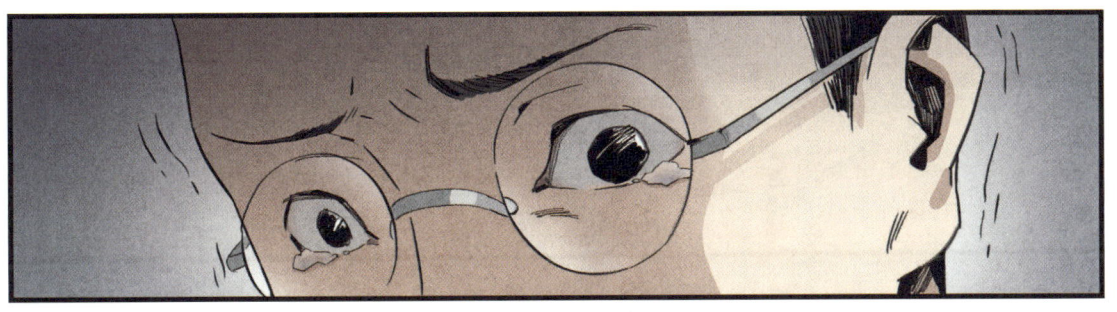

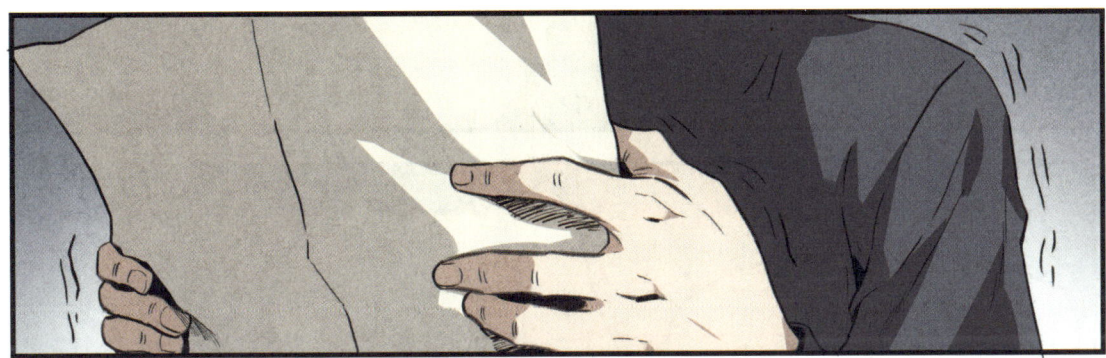

节哀……

第四章 壮烈牺牲

> 我要尽可能地帮助受压迫的人们,为革命奋斗!

1930年1月,中共中央机关刊物《红旗》第69期发表了一篇题为《悼我们的女战士高恬波同志》的文章。

文章称:"我们的女战士高恬波同志悲壮地牺牲了,我们的女战士队伍中有不能填补的伤痕,这是我党的巨大损失……"

1961年，时任全国人大常委会副委员长何香凝撰写了《回忆高恬波、阮啸仙》一文，缅怀了高恬波、阮啸仙同志的革命精神及褒扬了他们的革命事迹。

高恬波深入广大工、农、妇女群众中去发动革命运动，与帝国主义、反动势力进行殊死斗争，是中国共产党员的优秀模范。

完